250,00 € für das Vergessen der Corona Maske im Wochenmarkt - bei einem Kontostand von 500,00 €.
Dann kann der Staat ja einem Millionär, der 3 Millionen hat 1,5 Millionen € nehmen.

Das ist ja dann das gleiche.

Ruhestörung:

Vielen Dank für Ihre Antwort.

Aktuell ist es ruhig in der Wohnung.

Sollten die beiden Russen unter mir wieder sehr laut sein, melde ich Genaueres.

Mit freundlichen Grüßen

Bernd Schubert

Gesendet: Freitag, 09. Oktober 2020 um 10:10 Uhr
Von: "Fischer Hans Peter" <fischer@mewo-mm.de>
An: "Bernd Schubert" <bernd_4@gmx.de>
Cc: "Evans Natalie" <evans@mewo-mm.de>
Betreff: Re: Polizei Notruf
... uns liegen keine weiteren Beschwerden von Mietern vor. Um mietrechtlich agieren zu können benötigen wir ein Lärmprotokoll (Ereignis,

Uhrzeit, Datum, neutrale Unterschrift Dritter
oder Polizei).

Mit freundlichen Grüßen

Peter Fischer

- Vorstand -

Memminger Wohnungsbau eG
Ulmer Straße 2
87700 Memmingen

Tel.: 08331/8567-0
Fax: 08331/8567-33

e-mail: fischer@mewo-mm.de

Vorstand
Hans-Peter Fischer
Ralph-Stephen Hesse
Edmund Güttler

AR-Vorsitzender:
Dr. Ivo Holzinger

Reg.-Gericht Memmingen
Nr. GnR 542

Original Message processed by david®

Polizei Notruf (04-Okt-2020 1:47)

From: Bernd Schubert

To: info@mewo-mm.de

Bernd Schubert, Braunstraße 37, 87700 Memmingen, geb. 16.04.1977

MEWO Memmingen

Sehr geehrte Damen und Herren,

heute Nacht zwischen 0:30 und 1:00 Uhr wurden vier laute Silvesterraketen vor
meinem Wohnblock abgefeuert.
Ich rief die Polizei Memmingen und es kam niemand.
Ich rief dann den Polizei Notruf in Kempten an und die Polizei Memmingen kam
dann 2 Minuten zu spät, die fünf jungen Russen waren weg.

Als die vierte Rakete abgefeuert wurde, war die Polizei Memmingen immer noch
nicht vor Ort und hatte das Problem nicht beseitigt.

Es ist nun 1:39 Uhr und es gehen immer noch laut Türen unter meiner Wohnung zu.
Es wird immer noch laut geredet.
Es handelt sich hierbei um das junge russische Paar unter meiner Wohnung, 3. OG.

Wann wird etwas gegen die Russen unternommen?

Sie wissen ja, dass vor einiger Zeit mein teures Mountainbike vor meinem Wohnblock, abgesperrt, gestohlen wurde.

Mit freundlichen Grüßen

Bernd Schubert

To: bernd_4@gmx.de
Cc: evans@mewo-mm.de

Bernd Schubert, Braunstraße 37, 87700
Memmingen, geb. 16.04.1977

Polizei Kempten

Sehr geehrte Damen und Herren,

es ist nun 1:54 Uhr und es wurde gerade
die fünfte laute Silvesterrakete vor meinem
Wohnblock abgefeuert.

Die Polizei Memmingen hat das angeführte Problem nicht beseitigt.

Es gingen von 0:30 bis 1:00 Uhr schon vier laute Silvesterraketen vor meinem Wohnblock hoch.

Ich möchte verweisen auf mein Schreiben an die MEWO Memmingen, als Anlage beigefügt.

Die fünf Russen, die die Raketen vor meinem Wohnblock hochgehen haben lassen, hängen wahrscheinlich mit den 2 Russen, unter mir wohnen, 3. OG, zusammen.

Die 2 Russen unter mir, 3. OG, russisches junges Paar, belästigen mich schon seit 2 Jahren, die MEWO Memmingen

hat bis jetzt nichts unternommen.

Bitte klären Sie nun alles auf.

Mit freundlichen Grüßen

Bernd Schubert

Anlagen

Stalker:

Bernd Schubert, Braunstraße 37, 87700 Memmingen, geb. 16.04.1977

Bitte sperren Sie folgende Nummer:

Es handelt sich um einen Stalker.

Die Polizei will sich nicht darum kümmern.

Stalker Nummer:

069 87006954

Mit freundlichen Grüßen

Bernd Schubert

M-net Kunde

P.S.: Telefonisch konnte ich niemand erreichen

Fahrraddiebstahl:

Bernd Schubert, Braunstraße 37, 87700 Memmingen, geb. 16.04.1977

Sehr geehrte Damen und Herren,

das Schloss meines Fahrrads, das ich mir eben gekauft habe ist schon wieder fast geknackt.

Bilder beigefügt.

Das 600,00 Euro - MTB wurde vor meinem Block, abgesperrt, gestohlen.

Bitte klären Sie die Straftäter - Situation in der Braunstraße auf.

Freundliche Grüße

Bernd Schubert

Anlagen

Bernd Schubert, Braunstraße 37, 87700 Memmingen, geb. 16.04.1977

Betr.: Der Baustein Fahrrad Plus meiner Hausratversicherung wurde gekündigt

Sehr geehrte Damen und Herren,

senden Sie mir bitte das Formular zur Änderung der Hausratversicherung zu.

Ich unterschreibe es dann und sende es zurück.

Mit freundlichen Grüßen

Bernd Schubert

Hallo Tom,

mein Fahrrad wurde mir doch gestohlen.

Heute hat mir die Allianz den Baustein Fahrrad Plus aus der Versicherung herausge-
nommen.

Ich soll bis 20.10. mitteilen ob ich die Versicherung ohne Fahrrad Plus weiterführen
möchte.

Wie kommt der Sinneswandel?

Ich habe seit April 2018 die Versicherung bei der Allianz.

Man müsste den Verantwortlichen dieser Aktion auf die Eier hauen.

Gruß Bernd

Bernd Schubert, Braunstraße 37, 87700 Memmingen, geb. 16.04.1977

Sehr geehrte Damen und Herren,

beigefügt erhalten Sie die Fahrradrechnung vom Radl Stadl Dickenreishausen.

Auch beigefügt erhalten Sie die Anzeige bei der Polizei Memmingen, aufgenommen
durch Herrn Bodenmüller.

Bitte ersetzen Sie mir das Mountainbike, ich möchte bald wieder fahrradfahren
können.

Sollten Sie hierzu noch Fragen haben, stehe ich jederzeit gerne zur Verfügung.

Mit freundlichen Grüßen

Bernd Schubert

Bernd Schubert, Braunstraße 37, 87700 Memmingen, geb. 16.04.1977

Sehr geehrter Herr Fischer,

mir wurde mein MTB am 30.08.20 vor dem Wohnblock Braunstraße 37 gestohlen.

Vor ein paar Wochen wurde mir der Schnellverschluss an meinem Mountainbike gestohlen.

Letztes Jahr wurden mir beide Räder an meinem Mountainbike gestohlen.

Alle Diebstähle wurden bei der Polizei Memmingen angezeigt.

Den Dieb hat man noch nicht gefunden. Können Sie, sehr geehrter Herr Fischer, sich vorstellen, wer das war?

Sie können sich vorstellen, dass die Umgebung in der Braunstraße aufgrund sämtlicher Fahrraddiebe, es gibt sehr viele Fahrraddiebstähle in Memmingen, nicht angenehm ist.

Mit freundlichen Grüßen

Bernd Schubert

Anlagen

Bernd Schubert, Braunstraße 37, 87700 Memmingen, geb. 16.04.1977

Sehr geehrte Damen und Herren,

beigefügt erhalten Sie die Fahrradrechnung vom Radl Stadl Dickenreishausen.

Auch beigefügt erhalten Sie die Anzeige bei der Polizei Memmingen, aufgenommen durch Herrn Bodenmüller.

Bitte ersetzen Sie mir das Mountainbike, ich möchte bald wieder fahrradfahren können.

Sollten Sie hierzu noch Fragen haben, stehe ich jederzeit gerne zur Verfügung.

Mit freundlichen Grüßen

Bernd Schubert

Anlagen

Bernd Schubert, Braunstraße 37, 87700 Memmingen, geb. 16.04.1977

Sehr geehrte Damen und Herren,

mein MTB wurde gestern um ca. 18:00 Uhr vor meinem Wohnblock gestohlen. Es war abgesperrt.

Heute wollte ich um 14:10 Uhr zum Feneberg fahren, aber mein MTB war nicht mehr da.

Als Anlagen erhalten Sie die Fahrradrechnung vom Radl Stadl Dickenreishausen sowie die

Aufnahme der Anzeige bei der Polizei Memmingen durch Herrn Bodenmüller.

Bitte senden Sie mir eine maschinell ausgefüllte Bestätigung für meine Versicherung.

Mit freundlichen Grüßen

Bernd Schubert

Anlagen

Ruhestörung:

Sehr geehrter Herr Schubert,

am 04.10.2020 um 02:08 Uhr informierten Sie die PI Memmingen mittels einer E-Mail über einen Vorgang in der Braunstraße 37 in 87700 Memmingen.

Sie beschrieben in Ihrer E-Mail, dass in der Zeit zwischen 00:30 und 01:00 Uhr vier Silvesterraketen und gegen 01:54 Uhr die fünfte laute Silvesterrakete vor Ihrem Wohnblock abgefeuert wurde.

Zu den Verantwortlichen für diese Ruhestörung konnten
Sie in Ihrer E-Mail keine dienlichen Erkenntnisse mitteilen.

Die Braunstraße 37 wurde im Zusammenhang mit dem
oben angesprochen Sachverhalt in dieser Nacht wieder-
holt durch Polizeibeamte angefahren. Hierbei konnte
jedoch zu diesen Zeiten kein Lärm festgestellt werden
und kein Verantwortlicher für die vorgebrachte Ruhestörung ermittelt werden.

Sollten Sie stichhaltige Hinweise auf die Verursacher der
Ruhestörung haben, bitte ich Sie persönlich bei der PI
Memmingen vorzusprechen und eine Zeugenaussage
zum Sachverhalt abzugeben.

Mit freundlichen Grüßen

Joachim Huber

Polizeidirektor

Dienststellenleiter

____

Polizeiinspektion Memmingen

Am Schanzmeister 2

87700 Memmingen

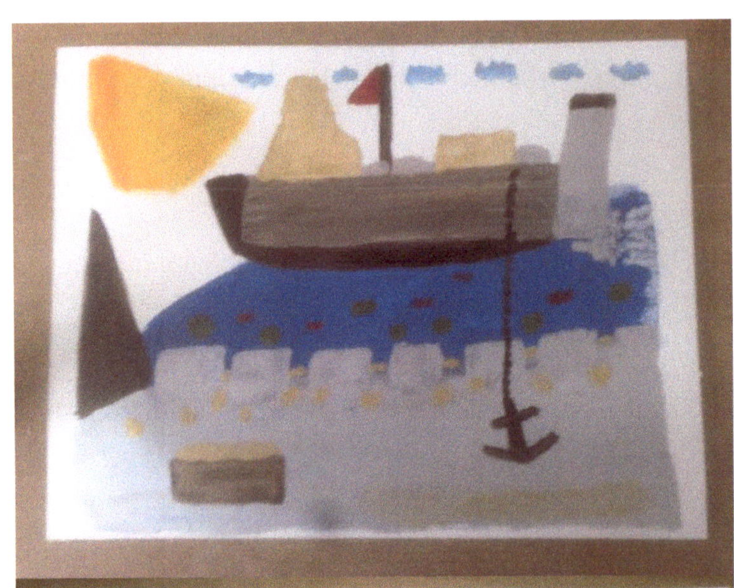

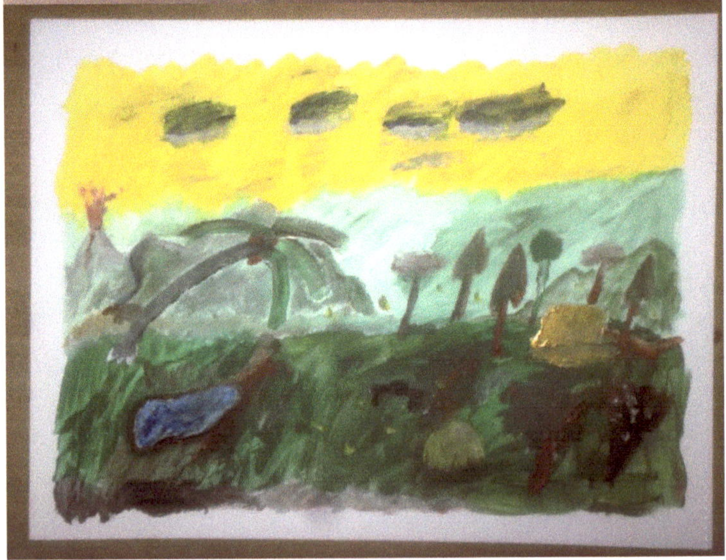

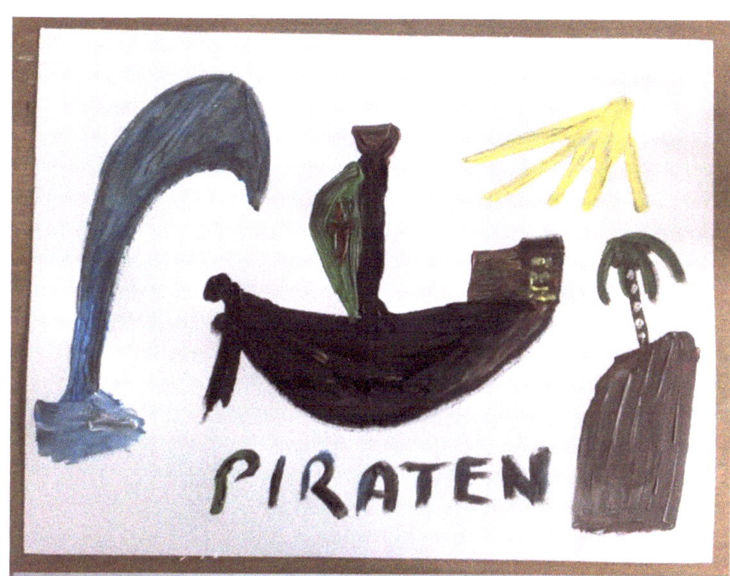
PIRATEN

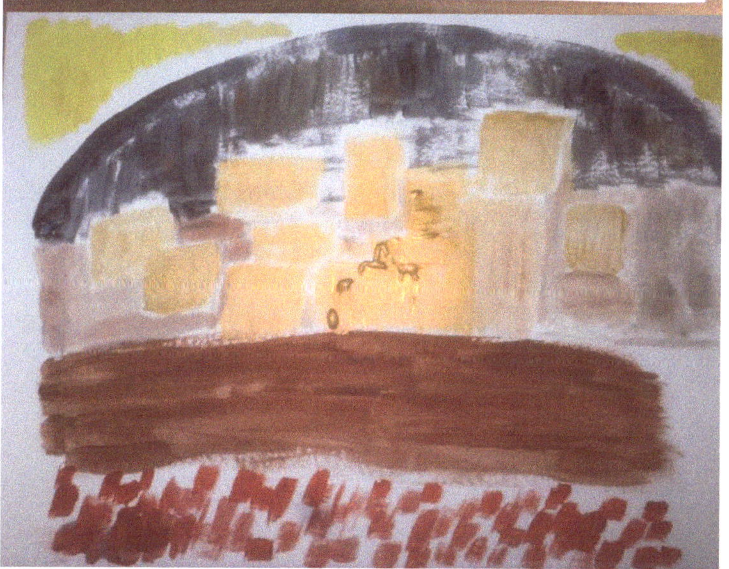

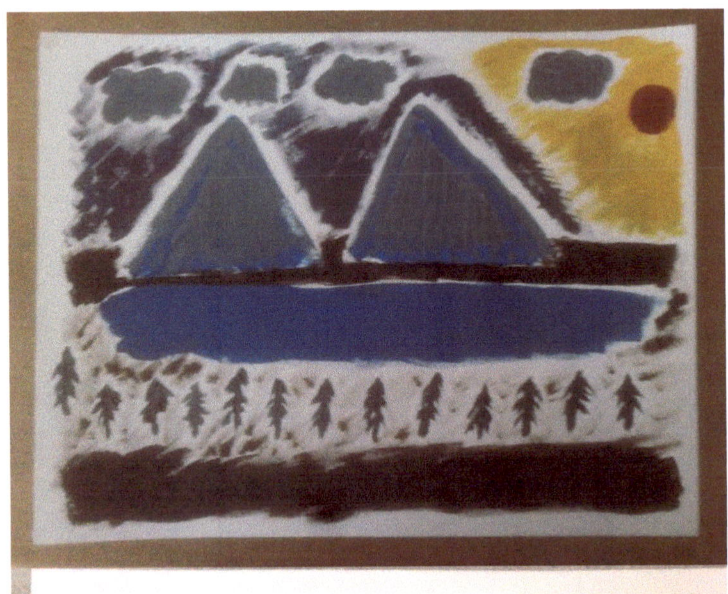

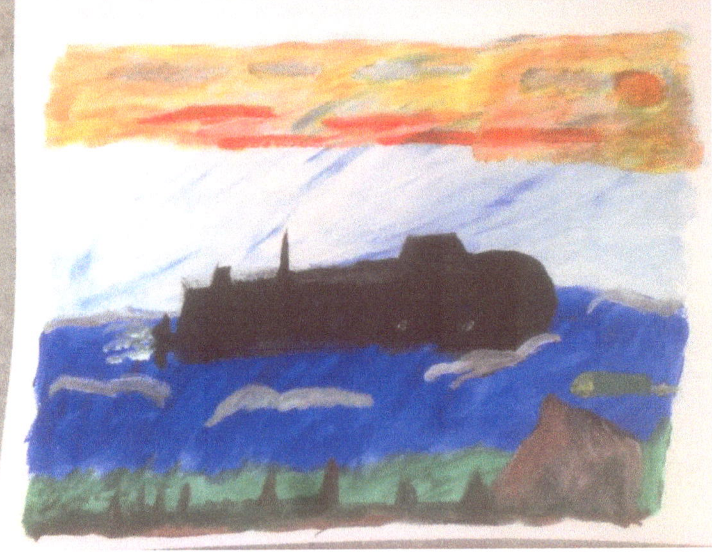

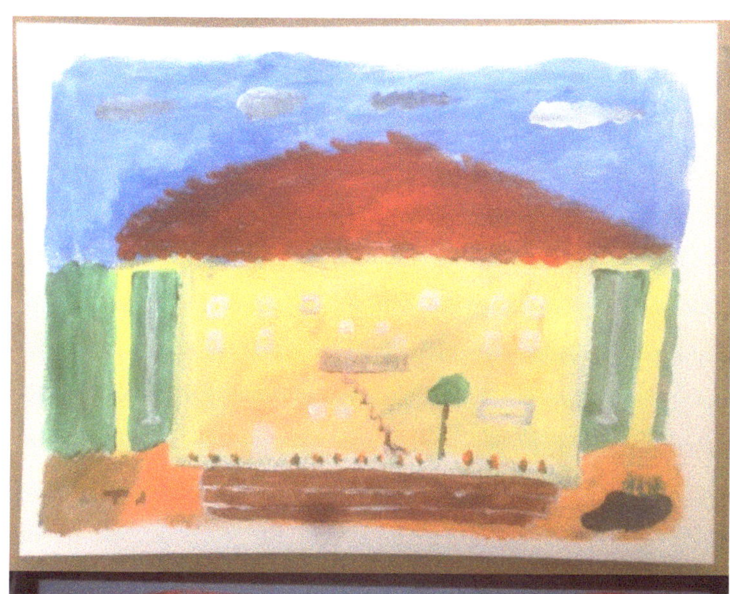

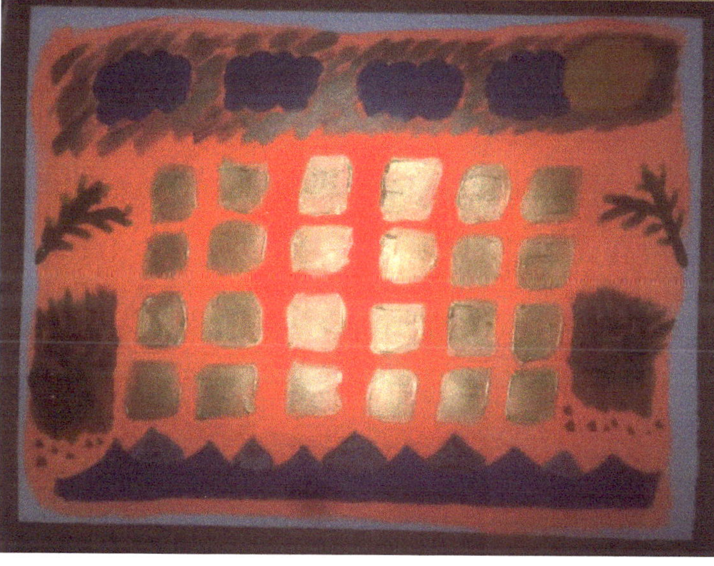

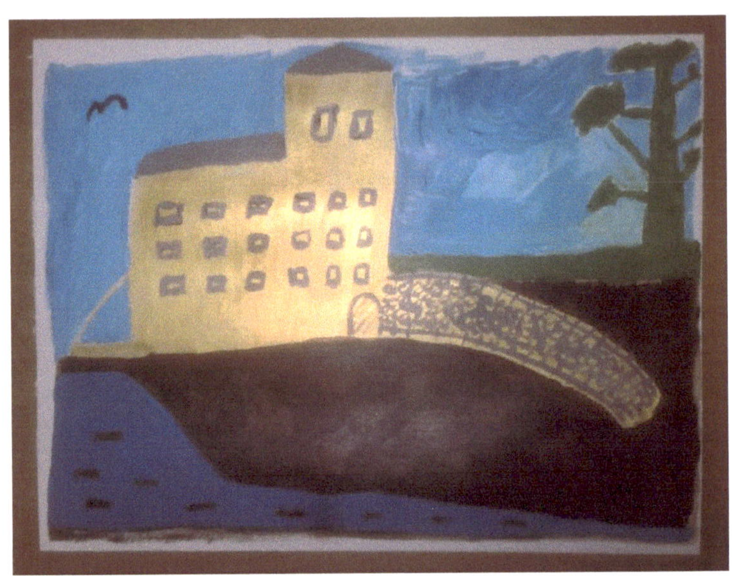

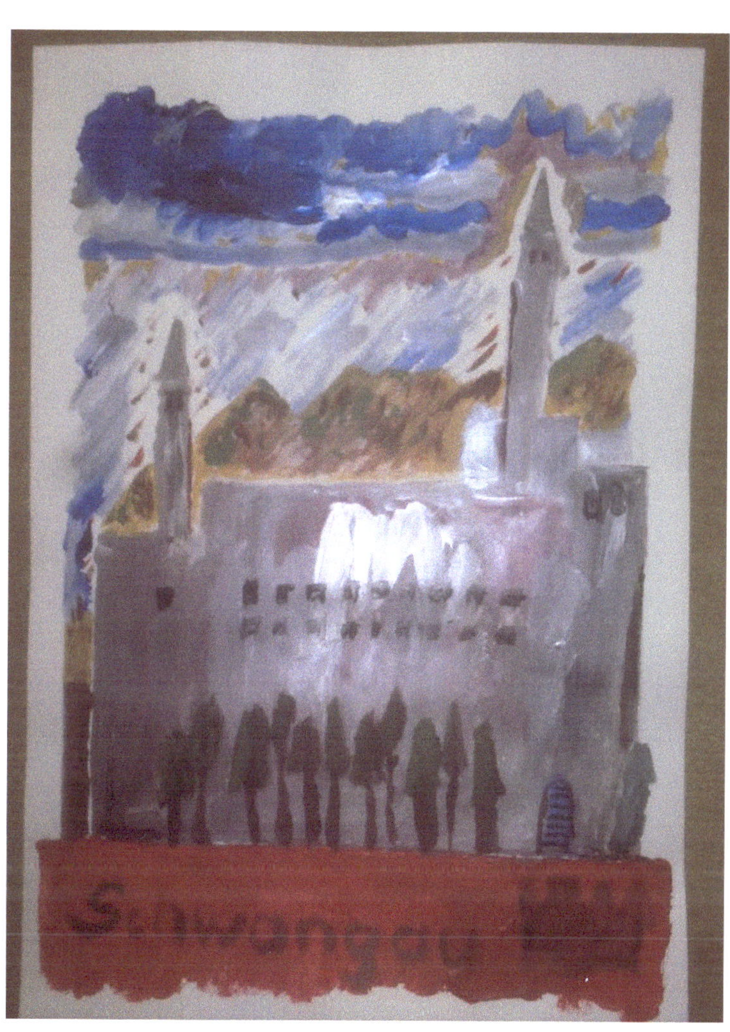

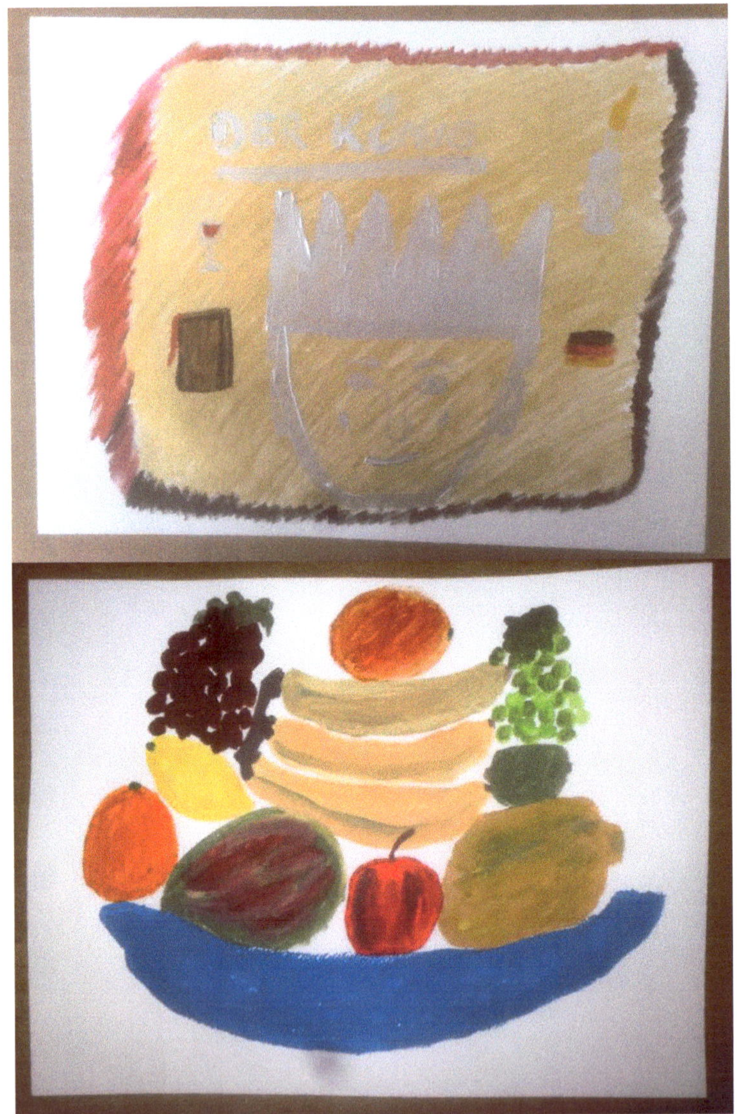
DER KÖNIG

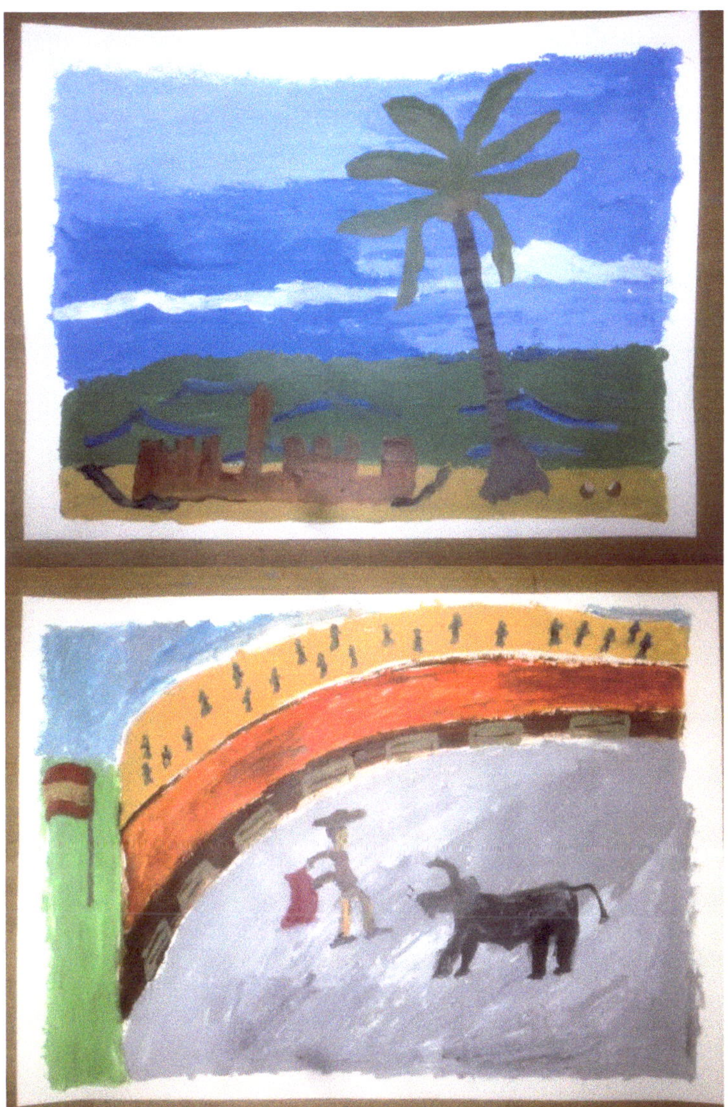

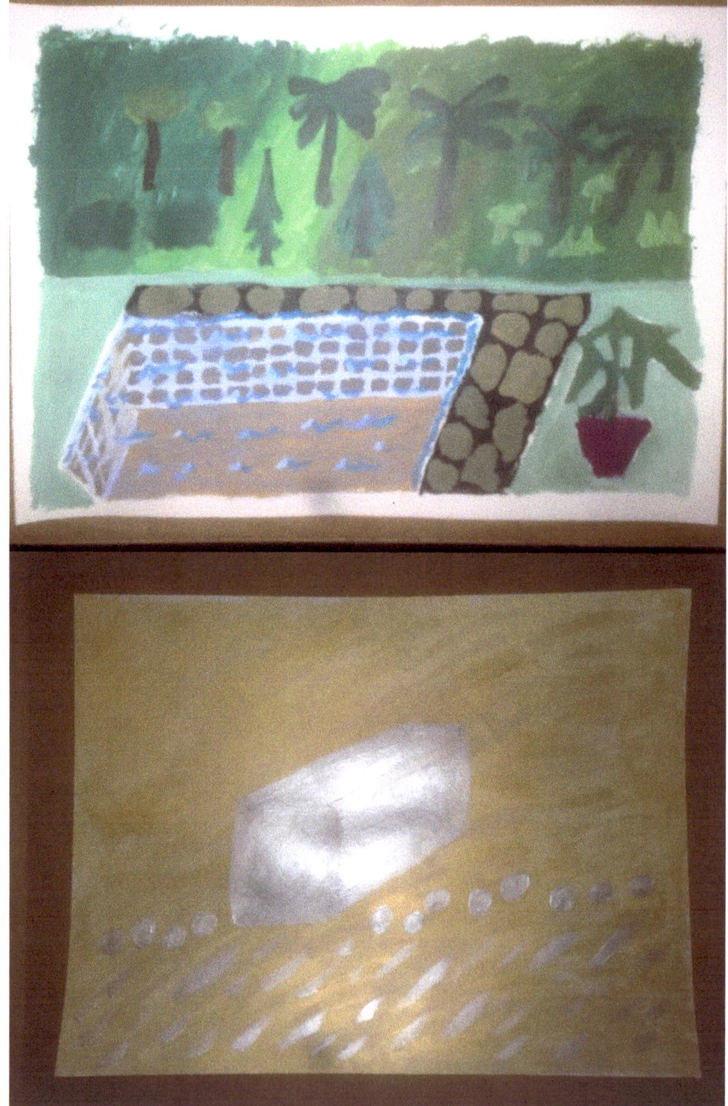

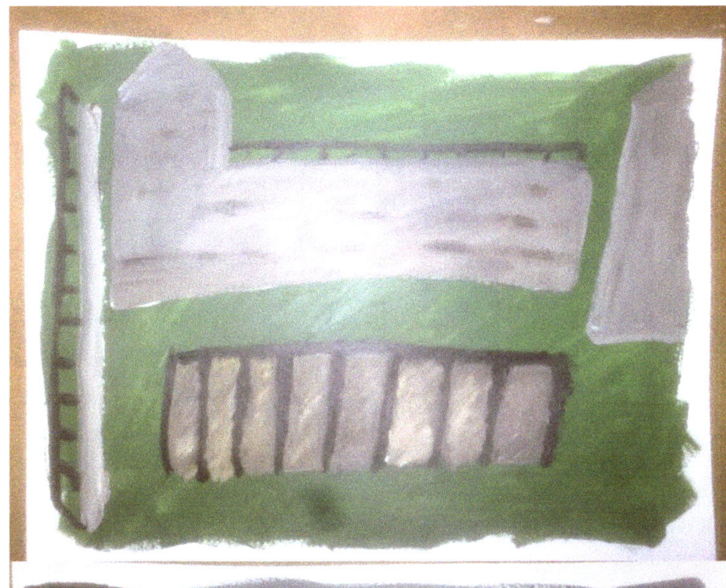

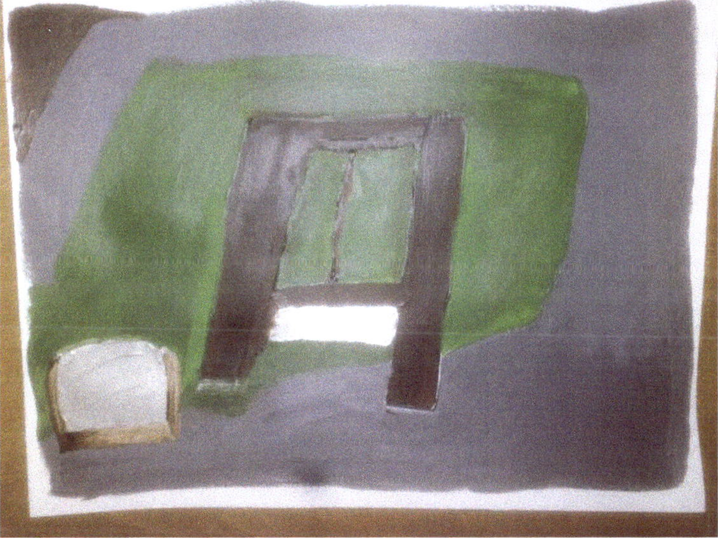

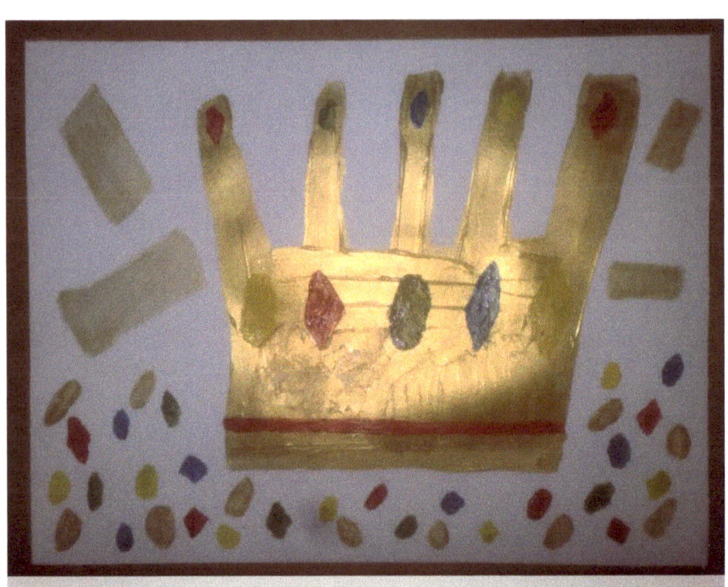

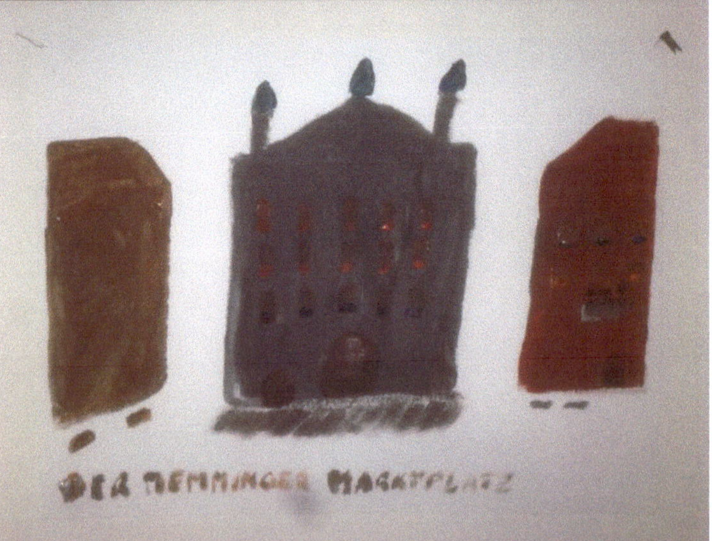
DER MEMMINGER MARKTPLATZ

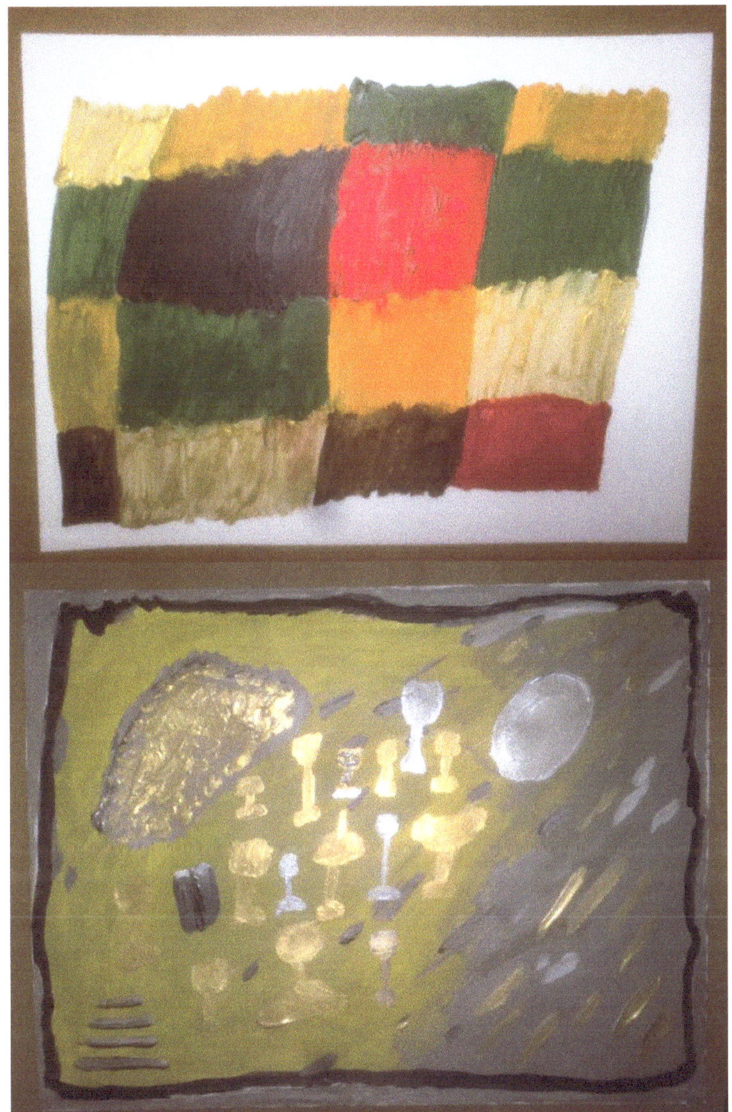

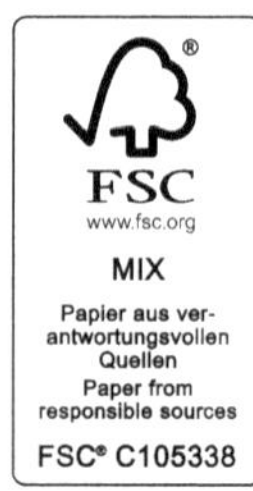

Herstellung und Verlag: BoD Books on Demand, Norderstedt
ISBN: 978-3-7526-2769-5